Kinderkrankheiten und Schicksal

Sylvia Cohn

Kinderkrankheiten und Schicksal

Aus dem Tagebuch einer Mutter 1930–31

 tredition

Titelbild: Esther Cohn an ihrem 1. Geburtstag

Herausgeber:
Prof. Dr. med. Alfried Kohlschütter
Dr. med. Brigitte Kohlschütter
Freiburg im Breisgau
© Alfried und Brigitte Kohlschütter 2022
Gesetzt aus der Neuen Helvetica und der Minion Pro
mit Adobe InDesign

Druck und Distribution im Auftrag der Herausgeber:
tredition GmbH, Halenreie 40-44, 22359 Hamburg

ISBN: 978-3-347-61747-6

Vorwort

Eine besorgte Mutter schreibt über Krankheiten ihres 4-jährigen Töchterchens in den 1930er Jahren. Zahllose Eltern haben ähnlich bange Erlebnisse gehabt, Künstler haben sie verarbeitet. Man kennt das, man weiß das. Warum sind diese Aufzeichnungen lesenswert? Eine kluge Frau beobachtet ihr geliebtes Kind faszinierend genau. Das Mädchen Esther macht in neun Monaten hintereinander und ohne Unterbrechung drei klassische Infektionskrankheiten durch, die wir, heute und in Reichtum lebend, praktisch nicht mehr kennen. Wir: Eltern wie Ärzte. Unter »Kinderkrankheiten« verstehen wir vermeintlich harmlose, schlimmstenfalls unangenehme Dinge wie Masern. Unter anderen Umständen jedoch können alte Schrecken wiederkehren. Und wenn wir hinausblicken über die Geißel der Infektionskrankheiten: Die Last der schweren Erkrankung eines Kindes ist oft nicht nur mit der Sorge um sein Überleben verbunden. Hinzu kommt die Frage, ob es später unabhängig von liebenden Eltern wird leben können.

Im Falle der kleinen Esther scheint die Entwicklung, nach vielen Monaten voll Schmerzen und Verzweiflung, eine eher günstige Entwicklung zu nehmen. Zwar tritt durch eine Unachtsamkeit im Krankenhaus eine Katastrophe ein, aber die Natur des Kindes, in Verbindung mit medizinischen Höchstleistungen und sorgfältiger Pflege, führt zu seinem Überleben und einer teilweisen Wiederherstellung. Mit bleibenden Lähmungen an Armen und Beinen lernte es nach langer Übungsbehandlung durch die Mutter und mit Hilfsapparaten wieder gehen. – Wir wissen aus anderer Quelle, dass aus dem gepeinigten Würmchen eine intelligente Schülerin geworden ist. Auch ein Tagebuch von ihr zeugt davon.

Doch die Geschichte von Leid und dessen mutiger Überwindung hat für ihre Helden ein schreckliches Ende: das Kind, seine Mutter und sein Arzt im Kinderkrankenhaus kommen in den Jahren 1939–1944 alle gewaltsam ums Leben – weil sie Juden waren.

Alfried Kohlschütter

Esther-Lore Cohn wurde am 18. September 1926 als erstes Kind ihrer Mutter geboren. Als sie 13 Monate alt war, begann die Mutter ein Tagebuch zu schreiben, das bis zum Alter von 3½ Jahren eine erfreuliche Entwicklung des Mädchens schildert. Dann beginnen sorgenvolle Zeiten, von denen die Abschrift des Tagebuchs hier berichtet.

Januar 1930. Esther mit der jüngeren Schwester Myriam

Aus dem Tagebuch der Sylvia Cohn

An Fastnacht[1] machte ich aus Estherlein eine süße Kinderschwester. Alles allein genäht, noch den Puppenwagen appetitlich und niedlich hergerichtet. Zum Anbeißen hübsch und apart sah das Kind aus. Alle, aber auch alle blieben stehen und bewunderten mein Töchting.

Esther als Kinderschwester verkleidet

Anfang Juni 30

Da hatten wir allesamt keine gute Zeit. Das Mutterle[2] mußte am 7. April ins Krankenhaus nach Gengenbach, um sich dort einer sehr ernstlichen Operation zu unterziehen. Sie tat das gar nicht gern und war vorher ein richtiger Hasenfuß. Aber

[1] Fastnachtsdienstag 1930 war am 4. März.
[2] d.h. die Schreiberin selbst

alles ging trotz Schmerzen und mancher bösen Stunde in den ersten Tagen mit Gottes Hilfe gut vorüber. Die Heilung vollzog sich innerhalb 4 Wochen normal ohne irgendwelche Komplikationen.

Natürlich durfte Estherlein seine Mutti, als die ersten Tage vorüber waren, des öfteren in Gengenbach besuchen. Schon bald merkte ich, daß der leichte Husten, den es schon vor meinem Weggang hatte, sich allmählich verschlimmerte, und ich ängstigte mich, denn ich glaubte nicht an Tante Hildas (die mich daheim vertrat) Diagnose mit der gewöhnlichen Erkältung.

Meine Befürchtungen bestätigten sich leider nur zu bald, es traten alle typischen Merkmale des Keuchhustens[3] auf, und bald wurde derselbe auch von Dr. Bloch[4] festgestellt. Als ich nun Anfang Mai, noch ziemlich elend und ruhebedürftig, vom Krankenhaus heimkehrte, da befand sich das arme Kind natürlich in der aufsteigenden Periode der Krankheit und hatte furchtbar zu leiden, am schlimmsten aber war es in der Nacht. Die Anfälle häuften sich und wurden so schlimm, daß sich das ohnedies sehr nervöse Kind schon beim Herannahenfühlen des Anfalls furchtbar ängstigte und schrie und dadurch den Anfall jedesmal erst recht stark zum Ausdruck brachte. Es war eine Qual geradezu, wenn man in »Hilfsstellung« dabei stand, ohne doch wirklich helfen zu können und mit ansah,

---

[3]Keuchhusten, Pertussis, eine durch Bakterien ausgelöste hochansteckende Infektionskrankheit der Atemwege mit typischen Hustenanfällen und sehr regelhaftem Verlauf über mehrere Wochen. Auf einen erkältungsartigen Beginn folgt ein Stadium mit Anfällen von stakkatoartigem Husten, das nach einem Höhepunkt wieder abklingt. Bei Säuglingen kann die Krankheit lebensbedrohlich sein. Eine wirksame verträgliche Impfung wurde in den 1930er Jahren entwickelt.

[4]Dr. Werner Bloch, junger Kinderarzt der Familie in Offenburg (s. Nachwort).

wie das Kind hustete, zog[5] und brechen musste, und wie lang verhältnismäßig ein solcher Anfall dauerte! Wie gesagt, am schlimmsten war es nachts!

Und seit die Mutter wieder zuhaus war, musste sie natürlich des nachts die vielen Male aufstehen, um beim Kind zu sein. Es gab 15–17 Anfälle in einer Nacht, als man den Höhepunkt erreicht hatte. Das Kind sah furchtbar elend aus. Und mir, der Mutti, ging es begreiflicherweise auch schlecht, weil ich noch sehr rekonvaleszent war, und Ruhe brauchte, stattdessen hatte ich ein krankes Kind und schlaflose Nächte. – Dazu kam noch, daß sich inzwischen das arme, kleine Myriamschwesterlein auch schon angesteckt hatte und tüchtig mithustete und keuchte. Dr. Bloch gab beiden Kindern Einspritzungen mit Keuchhusten-Vakzinen, es brachte aber zunächst keine Linderung. So riet er als bestes Heilmittel schleunige Luftveränderung[6] an. Nun ließ es sich zwar gerade wirtschaftlich gar nicht gut machen. Dennoch entschloss sich unser lieber Vati, uns schleunig fortzuschicken, zur Hilfe für alle Beteiligten.

Nun galt es zunächst, eine geeignete Kraft zum Mitgehen ausfindig zu machen, denn mit meiner ungeschickten und mürrischen Else wäre das Unternehmen geradezu unmöglich gewesen und ich selbst war noch zu schwach zur anstrengenden Pflege der beiden kranken Kinder. Die Wahl traf Schwester Hilde Westenfelder und es war gut so. Sie war ein umsichtiges, tüchtiges und liebes Mädchen, mit dem ich in jeder Weise gut versorgt war. – So wurde denn in aller Eile gepackt und Vati brachte uns nach Ühlingen im Schwarzwald, ein reizend gelegenes, von Waldungen umgebenes Dorf in

---

[5]»Ziehen« beim Keuchhusten: charakteristisches lautes Geräusch beim tiefen Einatmen nach einem Hustenanfall

[6]Die ärztliche Empfehlung von »Luftveränderung« bei Keuchhusten war sehr verbreitet.

der Höhe von 650 m. Dort wurden wir im Gasthaus Posthorn (ein Kunde von uns[7]) einquartiert, bekamen schöne luftige Zimmer, gutes Essen und alles, was wir brauchten. Es regnete bei der Ankunft zwar tüchtig, aber der Weisung Dr. Blochs folgend wurden die Kinder bei jedem Wetter, also auch bei Regen, spazierengeführt und es bekam ihnen, dem Estherlein vor allem, glänzend. Schon in der ersten Nacht reduzierten sich die Anfälle von 14 auf 12.

Nun aber steigerte sich Myriams Keuchhusten rasch in ungeahnter Stärke. Das Kind bekam ebenfalls viele und ganz fürchterliche Anfälle, ja, es wurde minutenlang blass und wie ohnmächtig. Aber, da das Kerlchen weniger nervös, im ganzen viel ruhiger ist, überwand es die Schwere der Anfälle besser als die Esther. Da die Injektionen noch zu Ende gegeben werden mussten, suchten wir den dortigen Arzt auf, Onkel Doktor Florack, der dann auch die Kinder während der Zeit ihres Dortseins weiterbehandelte. Ich lernte in ihm einen wertvollen Menschen und tüchtigen Arzt kennen, und unsere Beziehungen zueinander wurden rasch über das Berufliche hinweg in rein menschliche Bahnen gelenkt, so daß ich heute in ihm einen Freund erblicke, auf dessen Bekanntschaft ich nicht mehr verzichten möchte. –

Nun, dem Regenwetter folgten auch sonnige Tage, und meine Kinderlein und ich nutzten sie tüchtig aus mit fleißigem Spazierengehen und Aufenthalt in den ozonreichen Wäldern[8]. Sichtbar nahm Estherkinds Krankheit an Wucht ab und der Appetit besserte sich, – auch ich erholte mich gut, nur das arme Kleine hatte dort schwer zu leiden, aber sicher wäre es daheim genau so schlimm oder noch schlimmer gekommen. Und der Aufenthalt in Ühlingen half auch ihm, wenigstens

---

[7] Die Familie betrieb einen Weinhandel in Offenburg.
[8] Typische (heute überholte) Tourismuswerbung der Zeit

Beim Gasthaus »Posthorn« in Ühlingen. Rechts unten: Ringelreihe-spiel »Reihe, Reihe Rose« mit den Verwandten Walter und Hans

den Höhepunkt des Keuchhustens rascher zu überwinden. So half uns der Schwarzwald allen, und wir kehrten nach 2 ½ Wochen einigermaßen erholt nach Haus. Wohl husteten und zogen beide Kinder noch 1–2 Monate weiter, aber es war nicht mehr so schlimm, mehr wie ein Abklingen!

Beim Orchideenpflücken

Dezember 1930

Es ist nichts mehr Gutes, was ich von diesem Jahr noch zu berichten habe. Das Herz blutet mir, immer wenn ich daran denke, – und das ist fast ständig – und man wird es begreiflich finden, nachdem ich alles geschildert habe, daß meine Hand und die Feder sich solange sträubten, die Chronik weiterzuführen, so wie es sich gehört. –

Nachdem mein Estherkind den Keuchhusten glücklich überwunden hatte, da war es wohl ein zartes Kind, wie immer schon, aber es war voller Leben, lustig und vergnügt.

Es waren eigentlich nur etwa 3–4 Wochen, die es auf diese Weise fröhlich nach Kinderart verbringen konnte. Aus dieser Zeit, es war im Juli, haben wir viele nette Erinnerungen daran, wie der Vati mit uns, Estherlein u. mir, im Auto nach dem Strandbad fuhr, wie wir uns dort an heißen Tagen ganze Nachmittage lang häuslich niederließen, wie stolz klein Esther in ihrem hübschen blauen Badeanzug herumstolzierte, und wie der kleine Schelm todsicher immer dort zu finden war, wo junge Herren und Damen Ball spielten! Auch zum »Schnecken«[9] holen war das selbständige kleine Kerlchen schon gut zu gebrauchen, trotzdem das Badhaus, wo die Esswaren verkauft wurden, ein ganz tüchtiges Stück vom Badestrand entfernt war, an dem wir lagerten. Es brachte sogar immer genau die gewünschte Stückzahl und das Wechselgeld richtig zurück! Worauf der Vati ganz besonders stolz war bei seiner 3 ½-jährigen Tochter! –

Bald wurde aber dies liebe Vergnügen zu Essig, denn Estherkind musste sich mit etwas Fieber und einer Halsentzündung zu Bett legen. Es hatte, wie schon oft, geschwollene Mandeln, und ich behandelte es mit Gurgeln und Halsumschlägen. Es war auch nach etwa 8 Tagen wieder gesund und konnte aufstehen. In dieser Zeit war Tante Gretel da mit dem Rudi und dem Hänschen, und in dieser Zeit kamen die Kinder viel zusammen, teils zum Spielen, teils zum Spazierengehen. Und sie hatten beide viel Freude daran. Eine sehr nette, aber leider die letzte schöne Erinnerung für lange Zeit bildete auch der gemeinsame Ausflug nach Lahr an den Hohbergsee, an dem Tante U[?], Amin, Gretel, Hans und der kleine Rudi, sowie Flora, Ida, Vati, Estherlein und ich teilnahmen. Es war ein schöner, gemütlicher Mittag, die Kinder fühlten sich beim Schaukeln und Spielen, die Großen bei Kaffe und Kuchen wohl. Abends, beim Nachhausekommen, war noch alles in bester Ordnung. Andern Tags hatte Estherlein hohes Fieber.

[9] Hefegebäck

Es fing mit 38,6 an und stieg rasch auf 40° an, so daß ich tödlich erschrocken war.

Der rasch herbeigerufene Dr. Bloch stellte eine neuerliche Halsentzündung[10] fest, Rötung, Schwellung der Mandeln, und demnach richtete man die Pflege an. Aber es war gleich merkwürdig, daß auch trotz sorgfältiger Anwendungen (man tat, was man nur tun konnte,) auch nach einigen Tagen keine Besserung eintrat. Das Fieber blieb immer recht hoch, der Hals wurde nicht besser, das Schlucken tat über die Maßen weh, und das Kind war sehr wunderlich und ungeduldig. Die Nächte waren furchtbar, Estherlein konnte trotz aller möglichen verabreichten Mittel nicht schlafen, es hatte scheinbar Schmerzen und schrie dauernd, so daß das Kindermädchen Rösle und ich überhaupt nicht mehr zu Bett kamen.

Morgens dann war das Kind müde und apathisch und schlief am Vormittag. Das Fieber indes war dauernd hoch, und ich lebte sehr in Angst. Nach 5–6 Tagen zeigten sich hinter den Ohren leichte Drüsenschwellungen, die sich rasch vergrößerten, das Fieber weiter steigerten und dem Kind rasende Schmerzen verursachten. Nun war es fast nicht mehr zum Aushalten, und man konnte doch kaum helfen. Die warmen Umschläge mit Kamillen und heißen Ölwickel auf die Drüsen fruchteten nicht viel. – Eine Urinuntersuchung ergab dazu noch Spuren von Eiweiß, so daß wir in wahrer Todesangst lebten. –

Am 11. Tage wurde eines seltsamen weißen Belages im Halse wegen ein Abstrich gemacht, den Dr. Bloch untersuchte

---

[10]Halsentzündung, Angina, eine der häufigsten und meist harmlosen Erkrankungen im Kindesalter. Ursache ist in der Regel eine Infektion durch Viren, die auf Antibiotika nicht anspricht und von selbst abheilt. Bei Esther handelt es sich allerdings um Bakterien. Vor der Antibiotika-Zeit konnte eine solche Infektion zu schweren Komplikationen führen, hier zu durchbrechenden Eiterungen am Hals.

und für diphtherieverdächtig[11] hielt. Auf diese Mitteilung hin entschlossen wir uns in größter Angst, auch Myriams Ansteckung wegen, das Estherkind schnell fortzubringen und zwar in die berühmte Kinderklinik von Prof. Lust in Karlsruhe[12], den uns Dr. Bloch ganz besonders empfohlen hatte. In rasender Eile (es galt keine Stunde zu versäumen) wurde nun das Nötigste gepackt, und wir fuhren mit Dr. Bloch im Auto, das arme Estherkind mit 40° Fieber auf meinem Schoß, schleunig nach Karlsruhe.

6.1.31

Als wir ankamen, war der Professor verreist. Das machte indes nichts, denn der langjährige und sehr erfahrene Oberarzt Dr. Courtin war ja da und untersuchte uns das Kind sofort und gründlich. Er machte zwar keine bestimmten Versprechungen, denn er machte den genauen Befund erst vom Ergebnis eines neuerlichen Abstrichs und von einer Blutuntersuchung abhängig, – aber er glaubte einstweilen nicht an Diphtherie, eher an eine schwere Angina. Das Kerlchen wurde dann ins Bett gesteckt, (es hatte ein sehr schönes Privatzimmer) und wir reisten abends wieder heim. Ich gab aber Estherlein das Versprechen, es gleich andern Tags, es war ein Sonntag, in Karlsruhe zu besuchen. Natürlich fuhr ich auch hin, und Vati auch, wir waren beide sehr aufgeregt und sehr in Ängsten.

Auch am Sonntag konnte man uns noch keinen definitiven Bescheid geben, aber am Montag kam der Professor nach

---

[11] Diphtherie, Halsbräune, Halsenge, früher »Würgeengel der Kinder« genannt, eine lebensgefährliche Infektionskrankheit der oberen Atemwege, verursacht durch Bakterien, die ein Toxin (Giftstoff) absondern. Die Diphtherieimpfung schützt vor der Erkrankung.

[12] Franz Lust, Leiter der Städtischen Kinderklinik Karlsruhe (s. Nachwort)

Das Victoria-Pensionat in Karlsruhe im Jahre 1908, später Gebäude der Franz-Lust-Kinderklinik

Links: Dr. Werner Bloch, Kinderarzt in Offenburg, Zeitungsbild in USA 1937. Rechts: Prof. Franz Lust, Ärztlicher Direktor der Kinderklinik Karlsruhe

Haus und bis Dienstag war auch vom Heidelberger Laboratorium das Ergebnis der Untersuchungen da, – so daß man mir am Dienstag dann mit Bestimmtheit sagen konnte, daß Estherlein <u>kein</u> Diphtherit[13] hatte, sondern schwere Angina mit Lymphdrüsenentzündung und Schwellung.

Das erschien uns damals im Gegensatz zu den Befürchtungen als Beruhigung. Estherle freute sich wohl immer riesig über mein Kommen, aber es regte sich jedesmal beim Abschiednehmen so furchtbar auf, es weinte, schrie und stellte sich derart an, daß nach Ablauf der 1. Woche der Professor erklärte, es sei ihm lieber im Interesse des Kindes, wenn ich nicht so oft käme, ich solle mal einige Tage dem Estherlein Zeit lassen, sich einzugewöhnen. Das taten wir denn auch. Als ich dann wiederkam, war Estherle schon ganz eingelebt in die ihm neue Hausordnung eines Krankenhauses.

Aber wie sah das Kerlchen aus! Das ganze Köpfchen, Haare, Hals, alles war verbunden, nur das Gesichtchen guckte heraus, und das war vom steten Fiebern der letzten Wochen schon recht schmal geworden! – Es bekam warme Antiphlogistin[14]-Verbände über die Drüsen, das ist eine Art Heilerde, die die Drüsen entweder zum Abschwellen bringen sollen oder zum Aufgehen, falls Eiter vorhanden ist. Die Mandeln wurden mit Gurgelungen von übermangansaurem Kali[15] behandelt. Diese Behandlung wurde in Karlsruhe 4 Wochen lang so fortgesetzt, während dieser Zeit hatte Estherle aber dauernd ziemlich hohes Fieber, was bewies, daß sich von Seiten der Drüsen etwas

---

[13] Anderer Ausdruck für Diphtherie, vom französischen diphtherite, das auf das griechische Wort diphthera zurückgeht (»zwei Stückchen Leder«). Im typischen Fall sieht man zwei braune Stückchen Gewebe (sog. Pseudomembranen) im Rachen des Kindes.

[14] Antiphlogistin-Umschläge enthielten den schmerzstillenden und entzündungshemmenden Wirkstoff Salicylsäure.

[15] Kaliumpermanganat, ein starkes Oxidationsmittel mit desinfizierender Wirkung

vorbereitete. Am Ende der vierten Woche war eine »ödematöse« Drüsenschwellung durch die Heilerde so weit zurückgegangen, daß man sehen konnte, wo der eigentliche Eiterherd saß.

Als mein Mann und ich eines Samstags zufällig nach Karlsruhe in die Klinik kamen, eröffnete man uns, man habe inzwischen nach Offenburg telephoniert, das Kind müsse gleich nachher am Hals geschnitten werden.

Wir waren natürlich völlig unvorbereitet und daher sehr erschrocken, mussten uns aber der ärztlich erkannten Notwendigkeit fügen. Wir gingen schnell noch nach oben zum Kind, das ahnungslos und spielend im Bettchen saß und sich sehr über unser Kommen freute. Da war ich gleichermaßen erschüttert und froh über diese Ahnungslosigkeit eines kommenden bösen Dinges bei so einem Kinde, denn ich musste im Stillen den Vergleich ziehen mit der Angst und furchtbaren Qual eines Erwachsenen, der weiß, daß ihm eine Operation bevorsteht. – Wie selig ist so ein Unwissender doch demgegenüber!

Schon nach einer Viertelstunde holten sie uns das Kleine fort in den Operationssaal. Das weinte ein bischen, aber nur aus Angst vor dem Unbekannten, was man da wollte, und weil man es von uns fort holte. –

Wir, mein lieber Mann und ich, verbrachten jetzt eine bange, bange Stunde. Angst und Mitleid mit unserem Kinde schnürten uns die Kehle zu. Endlich brachte man uns das Kerlchen wieder. Die Operationsschwester trug es auf den Armen und legte es in sein Bett. Da schlief es noch, betäubt vom Ätherrausch. Schon kurz darauf aber machte es die Augen auf und brach in ein ganz furchtbares, markundbein erschütterndes Geschrei aus, daß uns vom Anhören fast der Atem stockte. Der Professor versicherte uns zwar, daß dies kein Zeichen von

Schmerzen, sondern die typische Folge des Ätherrausches sei, den man Estherle anstatt Narkose gemacht hat, und daß es noch gar nicht bei Bewusstsein sei. Wir glaubten es dort nicht so recht. – Außerdem sagte er uns, daß sich der etwa 3 cm lange Schnitt links seitlich am Halse wohl gelohnt habe, denn es sei eine Unmenge dünnflüssiger Eiter herausgeströmt. Und er glaube, daß es von jetzt ab bald besser werde. Im Übrigen wollte er haben, wir sollten jetzt fortgehen zum Essen und nicht dableiben, bis Estherle richtig zum Bewußtsein käme, sondern erst nachmittags wieder erscheinen. Wir folgten ihm auch und schlichen gedrückt davon.

Es ist begreiflich, daß an diesem Tag keinem von uns das Essen schmeckte, und der Kellner bei Moninger konnte fast soviel wieder abnehmen wie er gebracht hatte. –

Als wir uns nach Tisch, gegen 3 Uhr, wieder auf den Weg in die Klinik machten, erwarteten wir, besonders ich, mit Bangen ein von Schmerzen geplagtes, fiebriges, weinerliches Estherle. Wer beschreibt mein Erstaunen, als ich behutsam auf Zehenspitzen das Zimmer betrete und sehe – ein lachendes, frohes, strahlendes Estherkind im Bett <u>sitzen</u> und spielen und sich freuen, daß die Eltern kommen. Richtig erschüttert war ich da. Das Kind hatte keine Schmerzen (zum 1. Mal seit Wochen), denn weil der böse Eiter heraus war, hörte die Spannung auf. Es wusste von gar nichts, was war – und hatte zum 1. Mal seit Wochen kein Fieber![16] Ich war glücklich über diese unerwartet gute Einwirkung des Schneidens – und wir fuhren von diesem Resultat befriedigt und befreit an diesem Abend mit leichterem Herzen nach Haus als sonst. Denn es war alles auf dem besten Wege! –

---

[16]Ein lateinischer Ärztespruch lautet: Ubi pus ibi evacua – Wo du Eiter findest, lass ihn heraus! Dem liegt die Erfahrung zugrunde, dass das Aufschneiden eines Eiterherdes oft zu drastischer Besserung des Patienten insgesamt führt, wie auch bei diesem Mädchen.

Noch einige Tage, etwa 8 Tage, musste die Wunde offen bleiben, damit aller Eiter abfließen kann. Kein Strichlein Fieber mehr hatte das gute Kind seit dem Tage des Schneidens, und wir freuten uns darauf, es in absehbarer Zeit heimnehmen zu dürfen.

Als wir es am 18. Sept., seinem Geburtstage, an dem es vier Jahre alt wurde, besuchten, da freute es sich ungemein mit den vielen schönen Dingen, die ich ihm brachte, es war seelig u. fühlte sich wohl, und zum Kaffee und Kuchen luden wir die Schwestern aufs Zimmer, sodaß das Kleinchen doch auch seinen Kaffeeklatsch hatte wie im vorigen Jahr daheim. Dies war auch der Tag, an dem es zum 1. Mal aufstehen durfte, zwar etwas elend und schwach noch auf den Beinchen, aber immerhin – es ging! Alles in allem war es ein schöner, wenn auch etwas erregender Tag fürs Kleine, und wir freuten uns herzlich, Estherlein beim Abschied versprechen zu dürfen, daß wir es in 8 Tagen, am Tag nach Rosch Haschana[17] nach Hause holen. – Alles war guter Dinge, und wir waren froh und dankbar, wieder soweit zu sein. – Es sollte anders kommen.

18. März 1931

Mit aller Gewalt will ich mich nun zwingen, den traurigen Bericht zu Ende zu schreiben, noch bevor ich niederkomme. Denn ob dies Buch sonst je vollendet wird, – das weiß man ja heute noch nicht. –

Also am 18. Sept waren wir beim Kind und verließen es fröhlichen Herzens. Beim Telefonanruf am 19.9. sagte man mir, Estherlein klage über starkes Kopfweh, am 20. gab man mir die Nachricht, das Kind habe neuerdings Fieber zu sei-

[17] Jüdisches Neujahrsfest

nem Kopfweh, – woher dies komme, sei bis jetzt noch nicht festzustellen. Am Sonntag 21. rief ich in der Frühe wieder an, es hatte sich noch nichts geändert. Jedoch brachte mir die Schwester Ilse Estherlein, das sehr Heimweh hatte, ans Telefon. – Als ich das helle liebe Stimmchen hörte, das rief,»Mutti, liebe Mutti, komm doch zu mir!« da versprach ich dem armen Herzlein sofort, mit dem nächsten Zug zu ihm zu fahren, – und tat es auch!

Mein Kind gefiel mir aber nicht an diesem Sonntag. – Der Professor war verreist, der Oberarzt war sich noch nicht klar, was aus dem neuen Fieberanfall, der anhielt und mit Kopfweh und Steifigkeit im Nacken[18] einherging, – zu machen war.

Estherle hatte heiß, das Herzlein klopfte stark, und es war wunderlich und unruhig und wollte zum Essen sich nicht setzen sondern liegen bleiben. Auch die Nahrung flößte ihm Widerwillen ein, so daß es sie hinterher erbrach. –

An diesem Abend reiste ich traurig und von neuer Sorge erfüllt, heim, ohne doch zu wissen, was mit meinem Kinde los war. – Soviel sah und wußte ich, daß mein Kind von neuem erkrankt war. Als ich an diesem Abend in O. am Bahnhof abgeholt wurde, sagte ich gleich zu meinem lieben Mann:»Ed, das Kind gefällt mir nicht!« –

Am nächsten Tag (Montag) rief ich wieder an. Inzwischen war der Professor Lust zurückgekehrt. Er hatte dort gleich seine Vermutungen, die er mir aber nur undeutlich mitteilte, weil er mir eine genaue Diagnose erst sagen könne, nachdem die chemische Blutuntersuchung beendet sei. – Er sprach von einer»Nervenentzündung«. Inzwischen machten sich am linken Ärmchen Lähmungserscheinungen bemerkbar. – Das

---

[18]Beginn der Schilderung des schmerzhaften Meningismus, eines Symptoms bei Hirnhautentzündung (Meningitis)

sagte er meinem Mann am Telefon. Wir hatten jetzt unser Rosch Haschana!

Der sofort herbeigerufene Dr. Bloch erklärte uns, was das unter Umständen zu bedeuten habe: »Spinale Kinderlähmung[19]«. O entsetzlicher Schreck! Es bleibe mir erspart, auch nur andeutungsweise zu sagen, was ich, was wir dort durchlitten und durchfürchtet haben! –

Der Dienstag Abend brachte schauerliche Gewißheit! Außer dem linken Arm war nun auch der rechte Arm von der Lähmung ergriffen worden. Der Professor zweifelte nicht mehr an der Tatsache. Die Blutuntersuchung hat seine Vermutung bestätigt, – Estherlein, mein golden Estherlein war von der spinalen Kinderlähmung befallen worden. Das grausigste Gespenst dieses Frühlings und Sommers, bei dessen Gedanken schon einer jeden Mutter fast das Herz stillsteht, der fürchterlichste Würger von gesunder froher Kinderschönheit, – hat seine Pranken um unser armes Würmlein gelegt!

Mein Gott, wir wussten ja nicht, was wir in jenen Stunden erbitten, erflehen sollten, des Kindes Tod oder sein Leben! Am Mittwoch, dem 2. Rosch Haschana-Tag, traten mein Schatz und ich die traurige Fahrt nach Karlsruhe an, unser armes Kindchen wiederzusehen. – Vorher brachte man uns zum Professor, der mit uns sprechen wollte. Er äußerte sich dahin, daß man trotz allem von Glück sagen könne, wenn die Lähmung bei den Armen stehen bliebe und nicht auch noch die Beine ergriffe. Das Kind schwebte da natürlich noch im

---

[19]Spinale Kinderlähmung, Poliomyelitis, eine durch Viren verursachte Infektionskrankheit des Nervensystems. Sie beginnt mit Kopfschmerzen durch Entzündung der Hirnhäute und schreitet unterschiedlich weit voran zu den Nervenzellen des Rückenmarks. Lähmungen von Körperteilen oder des ganzen Körpers einschließlich der Atmung sind oft die Folge. Die Entwicklung einer wirksamen (Schluck-)Impfung gehört zu den großen Leistungen der Medizin.

aufsteigenden, akuten Stadium der Krankheit und dadurch noch in absoluter Lebensgefahr.

Auf unsere vorwurfsvoll-bitteren Fragen nach dem Woher und Wieso dieses Unglücks, nachdem das Kind doch bereits völlig wieder hergestellt und fieberfrei war, antwortete er mit einem Achselzucken. Das könne man nicht wissen. Diesen Infektionsbazillus könne ebensogut ich ihm gebracht haben, wie irgend jemand anders der Besuchenden. Daß die Ärzte oder Schwestern die Krankheit auf unser Kind übertragen hätten, wie unsere unverbrüchliche Meinung ist, diese Möglichkeit gab er nicht zu. Trotzdem sie die wahrscheinlichste ist, denn ohne unser Professorwissen befanden sich im Haus noch etwa 15 andere Fälle von spinaler Kinderlähmung, die wohl in einem abgetrennten Gebäudeteil untergebracht waren, die Ärzte, die sie behandelten, waren jedoch dieselben wie im übrigen Krankenhaus. Ist da der Schluß nicht der naheliegendste, das Kind hat sich die Infektion dort geholt? Denn daß es den Keim schon von Offenburg her in sich getragen haben soll, wie eine andere Version des Professors lautete, das halte ich für ausgeschlossen, zumal Estherle bei Ausbruch der Krankheit bereits 5 Wochen in Karlsruhe war, und der spinale Bazillus sich nur 8–10 Tage im Körper hält, bevor die Krankheit zum Ausbruch kommt. – Da liegt doch schon der Widerspruch! Aber was nützte uns nun alle Auflehnung, alle Empörung, ob es so oder so gekommen sei? Die Krankheit blieb die gleiche, das Estherkind lag elend und sterbenskrank da. –

Als wir es in seiner neuen Abteilung, auf der es sich befand, besuchten, da fanden wir ein wimmerndes, elend aussehendes blassgelbes Kind, das manchmal in unnatürlich hohen Fisteltönen gellend schrie[20], vor allem dann, wenn es wieder von den gräßlichen Rückenschmerzen heimgesucht wurde,

[20] Auch als »zerebrales Schreien« bezeichnet.

die das typische Merkmal dieser Krankheit sind. Ist es doch eine Entzündung der Rückenmarksnerven und aller von dort ausgehenden Nervenstränge. Je weiter die Entzündung fortschreitet, je mehr Lähmungen treten auf. Es war gräßlich. – Der Professor wollte als letzte Rettung zum Aufhalten der Lähmungen eine <u>Bluttransfusion</u> machen von einem Kinde, das diese Krankheit bereits überstanden hat[21] und wieder gesund ist. Das Blut mußte zur Transfusion natürlich erst chemisch präpariert werden und das dauert mindestens 24 Std.

Da war es denn trotz allen Kummers und auch Grolls auf das Krankenhaus rührend zu sehen, wie ungeduldig und verzweifelt der Professor vom Krankenbettchen unseres Lieblings zum Vorgang mit der Blutflüssigkeit rannte, ob es denn noch nicht fertig sei, – und wieder zurück. X mal am Tag kam der Mann vom Haupthaus herüber zu unserem Kind, nach ihm zu schauen. Und wenn er, oder sagen wir, sein System, auch irgendwie an dem ganzen Unglück eine gewisse Schuld tragen, so müssen wir doch frei zugeben, daß der Mann alles aufbot an Hilfsmitteln der Wissenschaft, an menschlicher Teilnahme und Herzlichkeit, an Pflege, um uns das Kind zu erhalten. – Nun, er hat es auch gerettet. Wenn auch nicht wie es war. Jedoch dies lag nicht in seiner Macht!

An diesem Abend fuhren wir schweren Herzens nach Haus. – Am nächsten Frühmorgen, am Donnerstag, fuhren wir gleich wieder nach Karlsruhe und Dr. Bloch fuhr mit uns. Ach, es waren böse Stunden! Welcher Anblick erwartete uns? Hielt die Krankheit über Nacht inne? Oder schritt sie fort mit ihrem Zerstörungswerk? Bange Fragen! Sie sollten bald Antwort finden. Wir kamen an und fanden – todernste Ge-

---

[21] Im Blut genesener Patienten finden sich Antikörper gegen das Poliomyelitis-Virus. Davon versprach man sich, die weitere Ausbreitung der noch aktiven Infektion aufhalten zu können.

sichter – und ein völlig gelähmtes Estherkind. Über Nacht der grausige Fortschritt. Nun waren beide Beine gelähmt, die Bauchdecken auch, dazu die Blase, die Gedärme. Noch einen Schritt weiter – einen winzigen Schritt, und die Lunge wird ergriffen, das Atemzentrum – und das kleine Herz steht dann still. – Mein Gott! Was, was wünschen, was hoffen? Schon ging der Atem rasselnd, kurz und schwach. Wir standen alle ums Bettchen. Der Professor und seine Assistenzärzte kamen und gingen. Dann war es soweit, – die Bluttransfusion wurde gemacht. Hinterher, wie auch an den Tagen zuvor, eine Lumbal-Punktion. Das ist ein Einstich in die Wirbelsäule, um etwas Rückenmarksflüssigkeit abzuzapfen und dadurch den Druck zu vermindern und das Gehirn zu entlasten. Das sollte ein Nachlassen der Schmerzen bewirken. War das ein banger Tag! Trotz Transfusion rechnete der Professor mit dem Schlimmsten für die Nacht. Schon zu weit war die Krankheit fortgeschritten. Und eigentlich kann nur ein Wunder das elende Kleine erretten. –

Endloser Tag! Am Abend verabschiedete sich Dr. Bloch und mein Mann von mir. Ich ließ mich <u>nicht</u> bereden, mitheimzufahren, ich blieb bei meinem Kind. Man stellte mir ein schmales Feldbett in das Zimmer. Die Nacht, die gefürchtete, begann. An Schlaf war nicht zu denken. Solange die starken Mittel wirkten, hatte das Kind ein wenig Ruhe. War die Wirkung vorbei, fing das helle hohe Schmerzgeschrei wieder an. »Mutti, leg' mich anders! Mutti, leg' mich anders!«[22] Der ganze Körper schmerzte das Kind. Auch diese Nacht ging vorüber, – und Estherlein lebte. Am Morgen früh schlich eine müde und

---

[22] In dieser Phase der Poliomyelitiserkrankung kombinierten sich in besonders bedauernswerter Weise die Symptome der Gehirnhautentzündung (schmerzhafte Versteifungen der Rückenmuskeln) mit Lähmungserscheinungen und der Unfähigkeit, eine erträglichere Körperhaltung einzunehmen.

zerschlagene Frau aus dem Krankenhaus in den nahen Hardt-
wald, teils bitter-bitterwehen teils frohen Herzens, – um die
rotgeweinten schlaflosen Augen in der herbstlichen Morgen-
kühle ein wenig zu erfrischen. – – – –

Ich will nicht allzu ausführlich sein. Böse, traurige Stunden
und Tage reihten sich aneinander. Und keiner Mutter wün-
sche ich die Not, ihr geliebtes blühendes schönes Kind über
Nacht sozusagen hilflos, alleine, schmerzgequält, zerstört vor
sich liegend sehen, – ohne ihm, selbst nicht mit aller Liebe
und allem Mutterwillen – helfen zu können. Wochenlang
schwebte es zwischen Tod und Leben. Denn nachdem die
Krisis der Lähmung glücklich überstanden war, nachdem wir
wissen konnten, daß das Kind wenigstens am Leben bleibt,
(wenn auch noch nicht, wie!) Also 8–10 Tage nach Ausbruch
der akuten Erkrankung, – trat eine doppelseitige Pneumonie
hinzu und warf das Kind erneut zurück auf die Grenze zwischen Leben und Tod. Und zwar kam das daher, daß Estherle
bei Ausbruch der Lähmung etwas Husten hatte. Dadurch, daß
es gelähmt war, nicht sitzen, nicht recht atmen, nicht mehr
husten konnte, setzte sich der Schleim um die Lungen herum
fest, so bekam es diese Lungenentzündung! –

Gott sei Dank – auch diese Krisis hat es überstanden und
hat uns damit gezeigt, welch ungeheure Lebenskraft u. Ener-
gie doch in dem schwachen Kind steckt. Wie hätte es sonst das
alles durchhalten können, das Ärmste? Nun, es lebt. Nun galt
es, sich mit Geduld zu wappnen und zu sehen, was die Zeit
und die fachgemäße, gute Pflege für unser Kind noch retten
kann. –

Nun folgen Wochen und Monate, in denen fast nichts, nur
Millimeterschrittchen, von Besserung zu sehen war. Zuerst,
nach Wochen, ließ das Fieber nach und verschwand, dann die
Schmerzen. Dann spürte es wieder, wenn sich die Blase und

der Darm entleeren mussten, vorher geschah dies unwillkürlich. – Dann lernte es langsam mit dem rechten Händchen unbeholfene kleine Bewegungen zu machen. Dann ließ die allzu grelle Stimme nach. Immer wieder lagen lange Wochen und Monate zwischen dem allen. Allmählich nahm es die gereichte Nahrung besser. Allmählich versuchte ich mit ihm (liegend) aus Bögen Papierpuppen auszuschneiden, indem sein Händchen mit meiner Hilfe die Schere führte und meine linke Hand den Bogen hielt, und siehe da, es ging! – Ach, welche Qual und Not für mich und Vati, was wird wieder werden, was wird ewig bleiben? Keine Antwort, nur Geduld und Zeit. –

Die Pflege ist rührend, morgens Fichtennadelbäder, dann Massieren, dann elektrisieren, Mittagsschlaf auf der Terrasse, selbst im Winter, dann wieder ein Sole-Bad[23] mit Turnunterricht im Wasser, kurzum, es wird alles Erdenkliche getan! Im November lernte es, <u>nach 9 Wochen erst</u>, wieder das Sitzen. 3 Wochen später schon lernte es stehen und machte die ersten unbeholfenen Gehversuche, unter beiden Armen gestützt. Seither ist viel Zeit vergangen, jetzt schreiben wir März. Lange hat es gedauert, aber nun ist Estherlein längst wieder täglich auf und es kann <u>Gott sei Dank allein gehen</u>. Mit dem rechten Händchen kann es sich wieder ganz gut helfen. Der rechte Oberarm ist noch ziemlich kraftlos – <u>der linke Arm ist leider gelähmt</u>. Wird er noch besser werden? Gott gebe es. Am 1. Mai wollen wir unser armes Herzkind nach Hause nehmen nach ¾-jährigem Fortsein. Wenigstens wird es nun doch ein brauchbarer Mensch sein.

Viel Sorge, Kummer und Herzweh, haben wir, habe ich um dich, mein Kind, durchlitten und durchlebt. Und es ist noch kein Ende damit. Ich weiß es. Viel werden wir noch zusam-

---

[23]Hierbei werden dem Wasser große Mengen Salz zugefügt, wodurch es spezifisch schwerer wird und Bewegungen des Körpers leichter werden.

men durchleiden, mein Estherlein. Aber eines sei gewiß, mein Kleines, wenn ich am Leben bleibe, so will ich dir helfen, dein traurig Loos fröhlich zu tragen, aus Leid noch Frohsinn zu schöpfen, und – nie sollst du sehen, solange du klein bist, wie deiner Mutter das Herz um dich blutet. Mit doppelter Liebe will ich dich erziehen, aber auch mit doppelten Anforderungen wie ein fehlerloses Kind, damit ich dich befähigen kann,

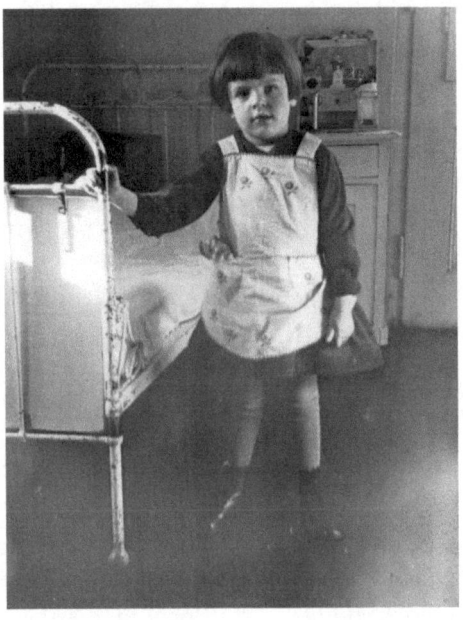

doch und trotzdem als ganzer Mensch einen Posten im Leben auszufüllen, denn nicht ewig hast du Eltern, die für dich sorgen. Und fremde Hilfe ist selten und tut weh. – Darum sollst du selbständig werden, mein Herzenskind, weil deine Mutter dich sehr, sehr lieb hat. Also uns beiden –

Glück-auf!

***

Nachwort

Zum weiteren Schicksal der beteiligten Personen

Das Mädchen Esther Cohn, das Sorgenkind dieser Aufzeichnungen, kam im Schulalter wegen seiner poliomyelitisbedingten Behinderung in das Kinderheim der Israelitischen Jugendhilfe Antonienstraße in München. Dies war eine anspruchsvolle Fürsorgeeinrichtung, wo sich seit 1933 auch Kinder befanden, die darauf warteten, von ihren bereits ausgewanderten Eltern nachgeholt zu werden. Esther hatte es dort zunächst gut und erbrachte ausgezeichnete Leistungen in der Schule. In Bayern unterlag sie nicht der frühzeitigen Deportation wie ihre Mutter und beiden Schwestern in Baden. Das Heim in München wurde jedoch stufenweise aufgelöst. Im Juli 1942 wurde Esther nach Theresienstadt depor-

Kinderheim der Israelitischen Jugendhilfe Antonienstraße 7 in München

33

tiert, wo sie zwei Jahre verblieb, bevor sie am 16. Oktober 1944 mit einem der letzten Transporte nach Auschwitz gebracht und ermordet wurde.

Die Mutter Sylvia Cohn wurde zusammen mit der Tochter Myriam und der dritten Tochter Eva völlig überraschend im Rahmen der sog. Wagner-Bürckel-Aktion am 22. Oktober 1940 aus Offenburg in das für Juden aus Baden und der Saarpfalz vorgesehene Lager Gurs in Südfrankreich deportiert. Dort konnte sie die beiden Mädchen in fremde Hände geben, wodurch sie überlebten. Sie selbst wurde am 13. September 1942 nach Auschwitz transportiert, wo sie ermordet wurde, laut standesamtlicher Eintragung starb sie am 30. Oktober 1942. Der Vater hatte bereits nach England fliehen können und dort das Nachholen der Familie vorbereitet, doch war dies bei der überraschend frühzeitig erfolgten Deportation in Baden zu spät.

Der Kinderarzt Prof. Franz Lust wurde 1920 als Klinikdirektor in der neu eingerichteten Kinderklinik der Stadt Karlsruhe im ehemaligen Viktoria-Pensionat eingesetzt. In Fachkreisen war er hoch angesehen und allgemein beliebt. 1933 wurde er als Klinikleiter suspendiert, wonach er bis zum endgültigen Berufsverbot für jüdische Ärzte 1938 in seiner Wohnung praktizierte. Nach der Reichspogromnacht 1938 wurde er im Konzentrationslager Dachau inhaftiert. Er plante eine Auswanderung nach USA, sah dies aber im Alter von 59 Jahren nicht als realistische berufliche Perspektive an und nahm sich 1939 das Leben.

Der Kinderarzt Dr. Werner Bloch in Offenburg hatte bei Prof. Lust Kinderheilkunde gelernt. Er konnte 1937 durch Hilfe von Verwandten und Freunden mit Familie nach USA auswandern und hatte in seinem jungen Alter keine Mühe, dort menschlich und beruflich Fuß zu fassen. Er wurde 93 Jahre alt.

Danksagung

Eva Mendelsson-Cohn aus Offenburg, die jüngste Schwester des im Tagebuch erwähnten Mädchens, lebt in England. Im Laufe ihres langen Lebens hat sie viel Kraft darauf verwendet, jüngeren Menschen anhand eigener Erlebnisse die Geschichte der Juden in Deutschland seit den 1930er Jahren nahe zu bringen. Wir danken ihr insbesondere für die Überlassung einer Kopie von Tagebucheintragungen ihrer Mutter Sylvia Cohn und für die Erlaubnis, sie für diese Veröffentlichung zu verwenden.

Dr. Martin Ruch, KulturAgentur Hesselhurst, hat in jahrzehntelanger Arbeit jüdische Schicksale in Baden studiert, insbesondere auch der Familie Cohn in Offenburg, und hat sie in zahlreichen Büchern einem breiten Publikum bekannt gemacht. Wir danken ihm für die Ermutigung zur vorliegenden Veröffentlichung, für die Überlassung einer technisch hochwertigen Kopie des Tagebuchs von Sylvia Cohn und für eine Biographie des Kinderarztes Dr. Werner Bloch in einem seiner Bücher.

Ursula Flügler hat als Gymnasiallehrerin früh begonnen, junge Menschen an die Lebenswelt von Juden in Offenburg heranzuführen. Ihre Arbeit führte zum Bekanntwerden mit Eva Mendelsson-Cohn und zu einem freundschaftlichen Vertrauensverhältnis mit ihr. Die Herausgeber danken Frau Flügler besonders dafür, auf das Vorhandensein der Aufzeichnungen von Sylvia Cohn aufmerksam gemacht zu haben.

Literatur

Ruch, Martin: Familie Cohn. Tagebücher, Briefe, Gedichte einer jüdischen Familie aus Offenburg. Reiff Schwarzwaldverlag, Offenburg 1992, ISBN-13: 978-3922663164 (vergriffen)

Ruch, Martin: »Inzwischen sind wir nun besternt worden«. Das Tagebuch der Esther Cohn (1926–1944) und die Kinder vom Münchner Antonienheim. KulturAgentur, Offenburg 2006, ISBN-13: 978-3833454738

Ruch, Martin: Eva Mendelsson. seitenweise Verlag, Bühl 2018, ISBN-13: 978-3943874297

Ruch, Martin: Flucht und Vertreibung 1933–1945: Rettung in der Fremde. Book on Demand, Norderstedt 2019, ISBN-13: 978-3749495481

Bildernachweis

Portrait Prof. Lust: Die Rechte am Bild liegen bei der Städtischen Kinderklinik Karlsruhe. Bilddatei des Stadtarchivs Karlsruhe (11/DigA 8/9) abgerufen unter https://stadtlexikon.karlsruhe.de/index.php?title=De:Lexikon:bio-0807&oldid=589928 , verwendet mit Genehmigung des Stadtarchives Karlsruhe.

Foto Victoria-Pensionat Karlsruhe um 1908, später Städtische Kinderklinik: Abgedruckt in der Festschrift zum 75. Jubiläum der Franz-Lust-Klinik (Karlsruhe 1995, ISBN 3-88190-199-X). Das Bild ist älter als 100 Jahre und ein Rechteinhaber nicht zu ermitteln (https://ka.stadtwiki.net/Datei:Victoria_Pensionat_1908.jpg).

Portrait Dr. Bloch: Zeitungsbericht aus USA 1937, abgedruckt in »Flucht und Vertreibung 1933–1945«. Mit freundlicher Genehmigung Dr. Martin Ruch.

Historisches Foto des Gasthauses Posthorn, Ühlingen im Schwarzwald: Von Carina Frech dankenswerterweise zur Verfügung gestellt.

Foto des Kinderheims der Israelitischen Jugendhilfe in München: Ida-Seele-Archiv, 89407 Dillingen. Abgedruckt mit Genehmigung.

Alle übrigen Fotos stammen aus dem Tagebuch der Sylvia Cohn.

Zeitfracht Medien GmbH
Ferdinand-Jühlke-Straße 7
99095 Erfurt, Deutschland
produktsicherheit@kolibri360.de